Echoes of life

collection of poems based on everyday emotions

Dr Shalini Thakur

BookLeaf Publishing

India | USA | UK

Copyright @ Dr Shalini Thakur
All Rights Reserved.

This book has been self-published with all reasonable efforts taken to make the material error-free by the author. No part of this book shall be used, reproduced in any manner whatsoever without written permission from the author, except in the case of brief quotations embodied in critical articles and reviews.

The Author of this book is solely responsible and liable for its content including but not limited to the views, representations, descriptions, statements, information, opinions, and references ["Content"]. The Content of this book shall not constitute or be construed or deemed to reflect the opinion or expression of the Publisher or Editor. Neither the Publisher nor Editor endorse or approve the Content of this book or guarantee the reliability, accuracy, or completeness of the Content published herein and do not make any representations or warranties of any kind, express or implied, including but not limited to the implied warranties of merchantability, fitness for a particular purpose.

The Publisher and Editor shall not be liable whatsoever...

Made with ❤ on the BookLeaf Publishing Platform
www.bookleafpub.in
www.bookleafpub.com

Dedicated to all the people I have met on this journey of life, for I believe that good people bring joy, and difficult ones impart wisdom.

My poems are born from the mundane experiences I have shared with them, because of them & the lessons I have gained from knowing their lives .

I would like to specially thank my hubby for always believing in me & constantly encouraging me in all that I pursue.

My gratitude would be incomplete without mentioning my constant source of hope, joy & positivity-my kids, who are raising a new me.

Preface

Welcome to the journey of everyday life captured in this collection of poems. This is an honest narration of what one feels at different phases of life. A human being plays multiple roles at different stages & collects different experiences. I have observed deeply how mundane activities shape one's psyche and influence the quality of life. In this collection, I have attempted to imbibe each emotion in a manner as raw as can be, following is the glimpse of enlisted poems reflecting different shades:

Unfinished goals and the longing to fulfill them (Baki Hai)

The profound mother-child bond (Mera Pratiroop)

The lasting impact of hurtful words (Shabad Naad)

The dilemma of a modern woman torn between career and loved ones (Kashmakash)

The unsettling power of half-truths, often more dangerous than lies (Ardhasatya)

The horror of gang rape committed by one's own people (Haiwaniyat)

The inability to forget after breakup (Yaad)

The contrast between the tangibility and falseness of human bonds (Uljhan Rishton Ki)

A wife's yearning for her husband's love and attention (Ek Sapna)

A soul's longing to experience life beyond the physical realm (Kash)

The inevitability of change (Badlaav)

An ode to real and genuine female friendships (Dost Ladkiyan)

The suppression of expression in the name of maintaining peace (Shanti Ke Naam Pe)

The acceptance of life as it comes (Thik Hai)

The emotions of love and loss (Ankahi)

A wariness of love, born from the fear of heartbreak and emotional vulnerability (Beware of Love)

The psychological turmoil of unfair treatment (Mara Hua Man)

The resilience of the human spirit, always seeking a glimmer of hope (Window for Hope)

An indomitable spirit, rooted in duty and responsibility (Kaise Keh Du)

A positive attitude towards life, accepting reality with grace (Kathin To Nahin)

I hope readers will resonate with each poem experiencing empathy, hope ,resilience & acceptance with every word. Deep down, in your heart you will feel connected to every word of this collection.

Dear God,

If I ever lose hope, remind me that Your plans
are better than mine.

If I feel depressed, assure me that Your vision
is wider than mine.

If I ever stop walking, tell me that your
approach is higher than mine.

If I ever fail to see the worth of my life,
remind me that what You know is beyond my
reach.

If I struggle to love my life, tell me that You
can see what I cannot.

If I stop seeing the good in people and the
world,
remind me Your creations are the greatest
ever.

बाक़ी है

जहाँ तक खुला आसमान बाक़ी है,
मुझे मालूम है, मेरी उड़ान बाक़ी है।
पर नया सफ़र शुरू करूँभी तो कैसे,
अभी तो पिछले की थकान बाक़ी है।

सब कहते हैं, मंज़िलों का सफ़र आसान तो नहीं,
पर थककर बैठना भी नहीं है सही।
माना, बढ़ते ही जा रहे हैं फ़ासले,
पर शुरू तो कर ये क़दमों के सिलसिले।
पर जानता हूँ मिटा नहीं सकता वो फ़ासले, जो
दरम्यान बाक़ी हैं।

सब कहते हैं, सृजन कर, चल गगन के पार,
तू ही करेगा, नहीं लेगा कोई अवतार।
वक़्त की लहरों में ख़ुद को बह जाने दे,
ना रोक अपनी चुप को, सब कह जाने दे।
पर सोचती हूँ, किसके सहारे चलूँ,
अभी तो ख़ुद से मुलाक़ात बाक़ी है।

सफ़र ये आख़िरी तो नहीं,
मंजिलों के सिलसिले भी थमेंगे नहीं।
बस रुकना नहीं है कहीं,
ज़ब तक ये जान बाक़ी है।

मेरा प्रतिरूप

मैं जो हूँ, मेरा ही प्रतिरूप है तू,
कभी ज़िंदगी की छाँव, तो कभी धूप है तू।
तेरे चेहरे पर खिलती है हँसी मेरी,
तेरी आँखों में पलते ख़्वाब मेरे।

तुझे बाहों में भर कर क्या कहूँ,
भाव बह चले बेहिसाब मेरे।
मेरे मन का सुकून है तू, मेरी खुशियों की वजह,
तुझे जब-जब भी डाँटूँ मैं, ये मेरी भी सज़ा।

सिमटता चला है संसार तुझ तक ही,
मेरा घेरे रहे सोच हर पल तेरी,
तेरी माँ हूँ मैं, बन गई पहचान एक नई मेरी।

मेरे वजूद के कई हिस्सों में जो है सबसे सुनहरा,
ज़िंदगी को सतरंगी जो बना दे वो है इक तेरा ही
चेहरा।
 मेरे विषाद को हरता हुआ हर शब्द तेरा,
मेरे अंतस को तृप्त कर दे हर भाव तेरा।

मेरी पहचान तू, तेरी पहचान मैं,
तू है मेरी आत्मा, अब नहीं अनजान मैं।
तेरे होने से ही जन्मी इक नई मैं,
जो नहीं थी, वो भी बन गई मैं।

तू ही मेरी शक्ति, तू ही मेरी शान्ति,
तू ही ख़ुशी मेरी, तू ही मेरी प्राप्ति।
तेरा नूर हमेशा बढ़ता रहे
तेरा सूरज हमेशा चढ़ता रहे।

हर ख़ुशी पर तेरा अधिकार रहे,
हर महफ़िल को तू स्वीकार रहे।
तेरे स्पर्श की जो है पावनता,
मेरा मन ही है जानता,
अनंत गहराईयों सा प्यार मेरा।

हर पल तुझ पर वारता
मेरे हर मर्ज़ की दवा तू
उठे जब भी हाथ मेरे,
मेरी हर दुआ तू।

शब्द नाद

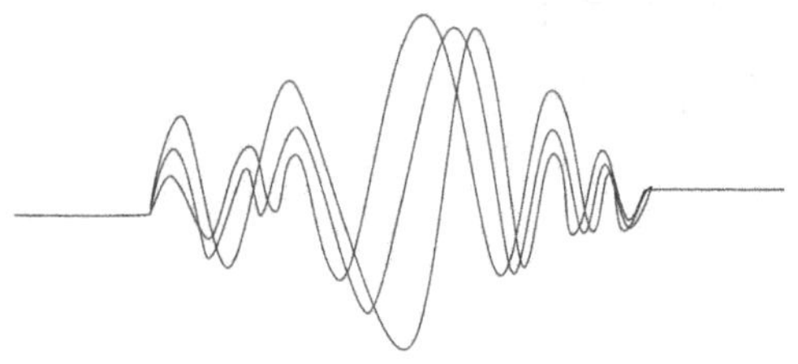

शब्द सिर्फ़ कहे नहीं जाते,
शब्द लिपट जाते हैं तुम से,
उतर जाते हैं दिल की गहराइयों में ....

कड़वे शब्द गूंज बनकर घूमते हैं अंतर मन में,
चीख चीखकर बहरा करते हैं तुम्हारी आत्मा को।
फ़र्क नहीं पड़ता किसी के कहने से,
पर बदल देते हैं वो शब्द तुम्हारे भीतर कुछ।
ख़त्म कर देते हैं कई मायनों को,
उठा देते हैं कई सवाल।

रिश्तों के पौधे लहलहाते हैं प्यार की नरमी से,
ज़रूरी है कभी तकरार की गर्मी भी,
पर साथ लगाव की आर्द्रता भी रहे तो।

पौधे लगाकर सूखी ज़मीन पर फ़सल पाई नहीं
जाती,
वैसे ही भावों के सूखे से रिश्तों की महिमा बढ़ाई
नहीं जाती।

नहीं होगा ऐसा कि एकतरफ़ा पनपेगा प्यार और
इज़्ज़त जब न मिले मान किसी को।
नहीं थाम पाओ अपने शब्दों की विष गंगा को तो
नहीं है रिश्तों का ज्ञान तुमको।

ग़लत माना शब्द होते हैं,
पर क्या भाव भी ग़लत होते हैं ?
क्या कर्म भी ग़लत होते हैं ?
जब भाव कर्म और शब्द सब ग़लत हों,
तो कहाँ होगी किसी रिश्ते की पहचान किसको ?

गलतफहमियों के कैक्टस सींचे हैं तुमने भी,
सही ग़लत न देखकर आँख मींचे हैं तुमने भी।
ग़लत कहना तो ग़लत है,
ग़लत सहना भी ग़लत,
पर ग़लत देखकर उस पर कुछ न कहना महा
ग़लत है।

कड़वे शब्द छीन लेते हैं हंसी किसी की, ख़ुशी
किसी की,
छलनी करते हैं बिना तीर तलवार के घायल करते
हैं मन को बिना किसी वार के,
शब्दों में हज़ारों ब्रह्माण्डों का नाद होता है जो गूंज
उठते हैं आत्मा में जाकर...

कशमकश

समझ नहीं आता क्या चाहती हो तुम ?
कभी चाहती हो सिर्फ़ माँ बनना
 सिर्फ़ अपने अंश के साथ खेलना ,
 उसे हँसाना ,उसे दुलारना ,उसके साथ समय
बिताना
 फिर जब कर बैठती हो ऐसा
 तो जाग जाती है तुम्हारे अंदर की महत्वकांक्षा
जो चाहती है कि तुम्हारी इक पहचान हो
जो न हो किसी की बेटी ,न हो एक पत्नी ,
न हो एक माँ ,पर हो एक तुम ......सिर्फ़ तुम
 तो वो ले चलती है तुम्हें
भावनाओं से दूर अपने एक अलग पथ पर
चलते चलते जब पहुँच जाती हो एक मील पत्थर
पर

तो फिर जाग उठती है एक माँ ,
एक पत्नी जो दुखियाती है देख कर
पीछे रह गए अपने अपनों को
फिर लौट चलती हो तुम उसी दुनिया की ओर
जहाँ भावनाओं के उजाले हैं
रिश्तों की ज़िंदगी है
जहाँ अपने बच्चे की मुस्कुराहटें बदल देती हैं सब
वो दुनियाँ जो खो लेती है तुम्हें ख़ुद में
जहाँ मिल जाती हो तुम सब में
फिर खोने के अरसे बाद जाग उठती है
वो आकांक्षा जो खींचने लगती है
तुम्हें दोबारा उस द्वंद में
जो ये द्वंद है कर्तव्य और करणीय का
ये द्वंद है एक माँ और स्त्री का
ये द्वंद है एक पत्नी और एक व्यक्तित्व का
ये द्वंद है एक स्त्री का जो झेलती है .....
जो बदलती है .... जो चुनती है ....
जो चलती है .... जो छोड़ती है ....
जो वही बनना चाहती है ....जो वो है सिर्फ़,
पर नहीं खोना चाहती अपने अपनों को ....
जिसका एक हिस्सा ख़ुद के लिए सपने बुनता है
और दूसरा हिस्सा अपनों के लिए........

अर्धसत्य

ज़रूरी नहीं कि जो देखा, वो सच हो,
ज़रूरी नहीं जो सुना, वो सच हो।
ख़ुद की आँखों से देखा और ख़ुद के कानों से सुना
भी,
अकसर परछाई होता है सच की।

वो सच जो छुपा होता है परत दर परत,
परतें जो छुप जाती हैं वक़्त की गर्दिश में।
जो होता है सिक्के का दूसरा पहलू,
जो होता है अर्धसत्य।

पर ये अर्धसत्य ख़त्म कर देता है रूहानियत
कितनी,
छुपे हुए सच अक्सर दूषित कर देते हैं
मानसिकता कितनी।

सिक्के के दूसरे पहलू का सच जान पाता है कोई
कोई,
क़िस्सागोइयों में दफ़न होते हैं जज़्बात कितने।

ये बिन पैरों का झूठ तोड़ देता है मान कितने,
अर्धसत्य के अलावा भी एक हिस्सा है।
मारे जाते हैं द्रोणाचार्य ही अक्सर फँसकर जिसमें,
ये मान पाता है कोई कोई।

सुन सखी

सुन सखी,
तुम अपने भीतर एक बच्चे को ज़िंदा रखना,
जो देखकर चंद खिलौने बहल जाया करता है,
भूलकर बोझिल पलों को,
जो दिल से मुस्कुराया करता है।
जिसके लिए न कोई हार पक्की,
न कोई तकरार पक्की,
जो हर आने वाले पल के लिए ख़ुशदिली से बाँहें
फैलाया करता है।

अपने भीतर उस अल्हड़ किशोरी को भी जगाए
रखना,
जिसकी आंखें सपनों से भरी रहती हैं,
और गगन के विस्तार को जो अपना समझती है।

एक कजरा, एक गजरा और नई ड्रेस जिसके चेहरे
को खिला डालती है।

अपने अंदर उस बेटी को भी जगह देना,
जो माँ बाप के ज़रा से दुलार से सँभल जाया करती
है,
और ख़ुद को मुकम्मल समझती है।

शादी के बाद जो तुम भूल जाने लगती हो ख़ुद को,
तो सुन लो उस प्रेमिका को कभी मरने मत देना,
जो चंद शब्दों, कुछ फूलों और भावनाओं से ही
पिघल जाया करती है।

ख़ुद को सिर्फ़ दूसरों के लिए ही नहीं अपने लिए
भी सँवारना,
बिंदी तुम्हारा काला टीका बन जाए, ऐसी ख़ुद की
नज़र उतारना।
रसोई और बच्चों से परे भी एक दुनिया है, जहाँ
तुम 'तुम्हारे' रूप में साँस ले पाओ,
ऐसा ही एक कोना अपने घर में भी बनाए रखना।

ख़ुद से प्यार करके ,ख़ुद को प्यार से भरे रखना—
ये भी तुम्हारी ज़िम्मेदारी है,
क्योंकि सबके लिए तुम ही एक सोर्स हो,

जो न ख़त्म हो सकता है, न कभी थकता है, ना
हारता है।
जो प्रतीक है शक्ति का, संतुलन का, प्रेम का और
ख़ुशनुमा जीवन का भी....

कभी कभी

कभी-कभी सब से जुड़ना अच्छा लगता है,
सबसे बातें करना और सबसे मिलकर रहना
अच्छा लगता है,
सब से पूछना बातें और सबकी ज़िंदगी में झांकना
अच्छा लगता है।
कभी कभी रिश्तों के वटवृक्ष को अपनेपन और
समय की ख़ाद से सींचना अच्छा लगता है।

कभी रिश्तों के क़ाफ़िले में एक हिस्सा बनना
अच्छा लगता है,
परिवार के साये में ही सिमटकर रहना अच्छा
लगता है।
ख़ुद की पहचान को सबसे जोड़ना अच्छा लगता
है,
पर ये होता है बस कभी-कभी।

कभी तो सब छोड़कर उन्मुक्त आकाश में उड़ने
का मन करता है,
रिश्तों की बेड़ियाँ ,परिवार का साया ,अपनों का
वटवृक्ष सब छोड़ने का मन करता है।
मन करता है ख़ुद की तलाश करूं,
जहाँ के विस्तार में खो जाऊँ और ख़ुद को पाऊँ,
ख़ुद से मिलने का मन करता है।

वक़्त की कसौटी पर ख़ुद को परखने का मन
करता है,
कुछ कर गुज़रने का मन करता है।
सागर में कतरे भर का वजूद है,
तो इस कतरे को देखने का मन करता है।

कठिन तो नहीं

ख़ुद को समझाना इतना कठिन भी नहीं,
जो है नहीं, उसको मान पाना इतना कठिन भी
नहीं।
तुम हो पर तुम्हारे जज़्बात नहीं हैं साथ फिर भी
तुम हो मेरे सारे के सारे,
ये मान पाना इतना कठिन भी नहीं।
तुम हो मेरे हमसफ़र पर तुम्हारे क़दमें नहीं हैं
साथ,
फिर भी हम साथ साथ हैं, हमेशा के लिए,
ये जान पाना इतना कठिन भी नहीं।
तुम हो हम जुबां मेरे पर मेरे लिए ख़ामोशी है शब्द
नहीं है तुम्हारे पास और मैं जानती हूँ ,सुनती हूँ
ख़ामोशी की भाषा तुम्हारी,
 ये मान पाना इतना कठिन भी नहीं।

हमारी ख़ुशियाँ साथ-साथ हैं,
पर तुम्हारी ख़ुशी का ज़रिया मैं तो नहीं,
फिर भी दुखी नहीं हो तुम मेरे साथ,
ये समझाना दिल को कठिन तो नहीं।
हम शरीके हयात हैं ज़िंदगी में,
पर तुम्हारे दायरे में हर वक़्त शरीक नहीं हूँ मैं,
फिर भी हमक़दम तुम हो मेरे,
ये ज़हन में बसाना कठिन तो नहीं।

तेरे मेरे दरमियान

तेरे मेरे दरमियान एक लम्हा ठहरा हुआ सा है,
जो समेटे है अपने अंदर कई अनकही बातें,
कुछ अधूरे सपने, कुछ सुलगते से जज़्बात,
और जो मुकम्मल ना हो पाया वो साथ,
जो याद दिलाता है हर पल कि—

वो मंज़िलें मंज़िलें नहीं, जिसमें तेरा साथ नहीं,
वो राहें क्या तय करनी, जिसमें हाथों में हाथ
नहीं।
बेमानी है हर वो सपना जिस की बुनियाद तू नहीं,
बेमतलब है हर वो लम्हा, जिसकी याद तू नहीं।

पल गुजरते हैं, दिन सिमटते हैं और शामें ढलतीं
हैं,
सांस चलती है,लहू बहता है रगों में,
और होंठों पर हंसी खिलती है।
सब कुछ बदला है और बदला कुछ भी नहीं।
तू मेरे साथ है हर पल और एक पल भी नहीं।

तेरी याद चली आती है धड़कनों में कुछ इस तरह,
कि दिल धड़कता है जिस तरह,
सांसों का चलना है जिस तरह,
तू है और है भी नहीं।

जो पूरे हो रहे हैं, वो सपने हैं,
और जो अधूरे रह गए, वो हम हैं।
जो तय हो रहे हैं वो रास्ते हैं
और जो छूट रहा है, वो हम हैं।
जो मिल रहा है वो मंज़िलें हैं,
जो बाक़ी रह गया वो क्या है?
वो वही तेरा मेरा एक लम्हा है,
जो समय की दहलीज़ पर अटका पड़ा है...........

सुनना ख़ुद की

ख़ुद को सुनने के सफ़र में,
ख़ुद को चुनने के सफ़र में,
अक्सर अकेले तुम पड़ जाओगे,
अपने रास्तों को तन्हा सा पाओगे।
पर सुनना ख़ुद की—

ये आदत है एक, जो पड़ती है मुश्किल से,
नहीं तो ख़ुद को चुप कराते-कराते,
आवाज़ ही नहीं आती फिर दिल से।
अगर ये हुनर तुमको आ गया,
तो सुनना ख़ुद की—

इसकी, उसकी, सबकी सुनते-सुनते, कब अंदर से
बदल तुम जाओगे,
चुप चुप होते जाओगे

कि जब भी सुनना चाहोगे, फिर न सुन पाओगे
आवाज़ें ख़ुद की।
तो गुम होने से पहले, चुप होने से पहले,
सुनना ख़ुद की......
सुनना ही नहीं, कहना भी ज़रूरी है।
आजकल वैसे भी चुप रहने का ट्रेंड चला है,
कि कुछ बोलो नहीं,
मुँह खोलो नहीं।
ख़ामोशियों के मुखौटों के नीचे, शब्द दब जाते हैं,
बाहर से चुप होते-होते, अंदर के शोर बढ़ जाते हैं।

इसकी, उसकी, सबकी सुनते-सुनते कब अंदर से
बदल तुम जाओगे,
चुप चुप होते जाओगे,
कुछ भी कह ना पाओगे।
फिर जब भी सुनना चाहोगे,
फिर न सुन पाओगे आवाज़ें ख़ुद की।
जब भी कहना चाहोगे, ना कह पाओगे बातें ख़ुद
की।

तो गुम होने से पहले,
चुप होने से पहले,
सुनना ख़ुद की ....कहना ख़ुद की...

हैवानियत : गुनाह पहाड़ों सा

देकर पनाह गुनहगारों को पहाड़ भी पछताया है।
हैवानियत की मंजर ने सर्द हिमाचल को रूलाया
है।
छली गई पहाड़ की बेटी इक भरोसे से,
जिसका मूल्य अपनी जान और अस्मत से
चुकाया है।
किया शर्मसार अपने पहाड़ी भाइयों ने ही,
सदियों का अपनापन जिन्होंने हवस में जलाया
है।
बाहें फैलाकर सहेजा हिमाचल ने जिन परदेसियों
को,
उन्होंने ही क़दम क़दम पर इंसानियत को रूलाया
है।

मासूम गुड़िया ने सपने में भी नहीं सोचा होगा अंत ऐसा,
जिसने पूरे भरोसे से अपना क़दम बढ़ाया होगा।
कोई कृष्ण नहीं बचाने आया होगा उसको,
जिसकी चीखो ने पहाड़ों का सीना दहलाया होगा।
कौन करेगा भरोसा किस पर कौन देगा सज़ा उस गुनाह की?
जिसने ख़त्म कर दिया हिमाचल के भोलेपन को,
जिसने ख़त्म कर दिया घर में अपनों की बेफिक्री को,
जिसने बढ़ा दी बेचैनी राह देखती माओं की,
जिसने बो दी नागफनी देवभूमि के सीने में क्या क़ानून की मशाल जलाएगी गुनाहगारों को?
या उठेगा तीर अर्जुन का जो फोड़ेगा आंखें ऐसी जो देखती है मासूमियत में गुनाहों की हवस।
क्या तोड़ेगा उन हाथों को कोई जिन्होंने यातना की दलदल में धकेला है मासूम बचपन को?
बहुत हो गए गुनाह अब सज़ा मिलनी चाहिए।
जैसा गुनाह वैसी सज़ा की नई परिपाटी चलनी चाहिए।
दो सरेआम फाँसी या ज़िंदा जला दो गुनहगारों को,
या पत्थर मार मारकर क्षत विक्षत कर दो उनको।
क्योंकि ये गांधी ही नहीं भगत सिंह और सुभाष चन्द्र का भी देश है।

याद

एक याद है, जो लहरों सी आती है, लौट जाती है।
एक ऐसी रहगुज़र है, जो मिलती है, खो जाती है।
साथ है एक शख़्स साये सा,
जिसे नज़र कभी पाती है कभी नहीं पाती है।

गुमान है दिल को कि छोड़ आया ये वो गलियाँ,
पर सीधी राह पर भी वो गलियां निकल आती हैं।
कदम लगता है कि जन्नत पर हैं मेरे,
पर ज़िंदगी कुछ हक़ीक़त और ही दिखलाती है।

साथ अपने लम्हों का सिमटना पलों में,
और जब साथ नहीं तो मेरा सिमटना बीते कलों में।
आज लगता है कि तुम मेरे हर आँसू में हो,
जो बहता है,

और फिर तुम्हें ले जाता है दूर मुझसे।
तभी तो अपने हर आँसू को पीना चाहती हूँ मैं।
सिमट रही हूँ तुम्हारी चाहों में आकर,
और अपना हर सपना जीना चाहती हूँ मैं ।

जितना दूर हो रहे हैं हम क़दम-दर-क़दम,
जितना वक़्त की घड़ियाँ सुना रही हैं फ़रमान हरदम,
 तुमसे जुड़ती जा रही है हर ख़ुशी अपनी,
लगता है, बंधती जा रही है ज़िंदगी अपनी।

उलझन रिश्तों की

उधड़े रिश्तों के रफ़ू होते अगर,
तो सहज हो जाता जीना।
पैबंद लग जाती ज़िंदगी पर,
न छलनी होता सीना।

अजब से रिश्ते हैं,
जब याद न करें तो दुहाई देते हैं।
और जब याद करें तो समय न होने का बहाना।

जब तक न थी मेरी कहानी,
ज़माने में हर कोई अच्छा था,
हर रिश्ता अपना था,
और हर अपना सच्चा था।

जब देखते हो तुम रिश्तों को किसी उम्मीद के
साथ,
जब चाहते हो कोई अपना साथ,
उसी पल सब मूल्यांकन करते हैं तुम्हारा कोई
सूफ़ी बनकर,
कोई दार्शनिक बनकर,
कोई प्रैक्टिकल बनकर।
कोई ही होता है, जो देता है साथ सिर्फ़ अपना
बनकर।

जो आँखों में आँसू बनकर रहे,
ऐसा किसी को कोई अपना ना दे।
जो न हो सके अपना,
ऐसा किसी को कोई सपना न दे।
अधूरी ख़्वाहिशें सिल जातीं अगर,
ख्यालों को ज़मीन मिल जाती अगर,
हमजुबां ही हमसफ़र,
हमख़याल, हमनवां बन जाता............

एक सपना

हर दिन एक सपना देखती हूँ मैं,
जिसमें तुम हो मेरे हमसफ़र।
हंसते हो जब साथ मेरे,
या कहते हो दिल की बात,
तो ख़ुद को सपने के क़रीब पाती हूँ मैं।

कभी कभी जब मौन पसर जाता है हमारे बीच,
ख़ामोशी का जवाब सिर्फ़ ख़ामोशी देती है।
मेरा उतरा हुआ चेहरा देख कर भी नहीं पूछते जब
सवाल,
तो ये सपना दूर जाने लगता है।

चाहत तो बहुत कुछ पाने की होती हैं,
पर ये चाहत पूरी करने के लिए क़दम भी बढ़ाने
पड़ते हैं।
जब मौन की नदी बाँटती है हमें दो किनारों में,
तो सब अधूरा सा लगने लगता है।

सोचती हूँ क्या चाहिए होता है जीवन में ?
इन सारी सुविधाओं से भरा हुआ घर,
या मेरी ठंडे हाथों को थामते तुम्हारे गर्म हाथ,
या मेरी पसीने को पोंछती तुम्हारी ऊंगलियां,
या दो बोल प्यार के?
सच है, सपनों पर हमेशा ज़िंदगी भारी पड़ती है।

काश

काश मैं एक रूह होती,

सिर्फ़ एक रूह,

जो हर बंधन, हर मर्यादा से आजाद होती,

जो अपने लिए जीती,

सिर्फ़ अपने लिए

जिसका कोई नाम न होता

ना होता कोई रिश्ता

जिसके लिए कुछ अच्छा न होता

न होता बुरा

जिसके करने से किसी को दुख न होता ना दिल

किसी का टूटता ......

नहीं मैं परेशा नहीं बंधनों से या मर्यादा से

पर लगता है कि मैं जीना चाहती हूँ एक ज़िंदगी

चार पल ऐसे

जहाँ देहों का पागलपन न हो

पर रिश्ता हो सिर्फ़ रूहानी

ज़िंदगी के बंधन न हों,
पर अहसासों के चार पल हों।
काश की टीस न हों,
वर्तमान की हो ज़िंदगानी।

जहाँ बंधन से शुरू होकर, ख़त्म न हो बंधनों पर,
बस एक ज़िंदगी ऐसी जहाँ गलतियों के बोझ न
हो,
न होती अंतरात्मा की पुकारें।
जहाँ जुड़ता न कोई तुमसे ऐसे ही,
कि तुम्हारे हाथ उसे बिगाड़ें सवारें।

अभी से शुरू होकर आज पर ख़त्म हो जाए
ज़िंदगी,
पाएँ तो समेट लें,
पर खोएँ तो हो ना दुख भी।
बस चार पल ऐसे ही.....

बदलाव

जब फ़ुरसतें थी तो गुरबतें थी,
जब इरादे थे तो वक़्त ना था,
जब चाहतें थीं तो पैसे न थे,
जब वादे थे तो राहतें ना थीं।
ऐ ज़िंदगी तू ऐसी भी क्यों बदलती है ?
अब पैसे तो हैं पर चाहतें ही नहीं,
अब गुरबतें नहीं तो इरादे भी नहीं,
अब वादे नहीं हैं तो राहतें भी नहीं,
बस है इक दौड़ कभी ख़ुद के साथ तो
कभी दूसरों के साथ।

दोस्त लड़कियाँ

लड़कियों की वो दोस्त लड़कियाँ बहुत अच्छी
लगती हैं,
जो ख़ुश होती हैं अपनी सहेली के लिए जो साथ
देती हैं,
जो सलाह देती है, जो मान देती हैं,
और देती हैं काँधे भी जब हार होती है कहीं।

जो खड़ी होती हैं अपनी सहेली के लिए,
 जिनकी आँखों में जलन नहीं होती,
मन में कुढ़न नहीं होती,
जो पीठ पीछे भी वही होती हैं, जो सामने होती हैं।

जिनको चिढ़ नहीं होती सहेली के सुंदर दिखने से
जिनको असुरक्षा नहीं होती सहेली की
उपलब्धियों से,
जो उनके बॉयफ्रेंड्स नहीं छीनती,
न ही कोशिश करती हैं उन्हें इम्प्रेस करने की।

जो पीठ पीछे की चुग़लियों और बुराइयों में हिस्सा
नहीं लेती,
जो सहजता से निभाती हैं साथ भी,
जैनुइन होती है आलोचना करने में भी,
और साथ छूटने पर भी जो सीक्रेट्स बनाए रखती
हैं।

जो टीम बनाने में विश्वास रखती हैं,
और दूसरी लड़कियों को क्रेडिट देने में भी।
लड़कियों की वो दोस्त लड़कियाँ बहुत अच्छी
लगती हैं।

शांति के नाम पर

सब कहते हैं कॉम्प्प्रोमाईज करें तभी शांति रहेगी,
मुँह बंद करें और बंद कर दें दिमाग़ भी तभी शांति
रहेगी
न महसूस करें अपमान को अपने तभी शांति
रहेगी।

जाने दें उस सोच को जो भरी हो सम्मान से,
दबा दें उस मन को जो जानता है मान अपमान
को,
दफ़ना दें उस आत्मा को जो करती है चीत्कार।
बंद कर दे दिमाग़ की खिड़कियाँ,
ताकि सुन ना पायें तेरे रोने की पुकार।

शांति के नाम पर छीना जाता है एक औरत से
और एक आदमी से
नॉर्मल होने का जज़्बा,
प्रतिक्रिया करने का जज़्बा,
महसूस करने का जज़्बा।
फिर भी क्या हो पाती है दफ़्तरों में और घरों में
शांति,
जहाँ रहते हैं सुन्न् दिमाग़ वाले, दबे कुचले आत्म
सम्मान वाले,
हाड़ मांस से बने ज़िंदा,
पर मरे हुए मन वाले आदमी और औरतें।

ठीक है

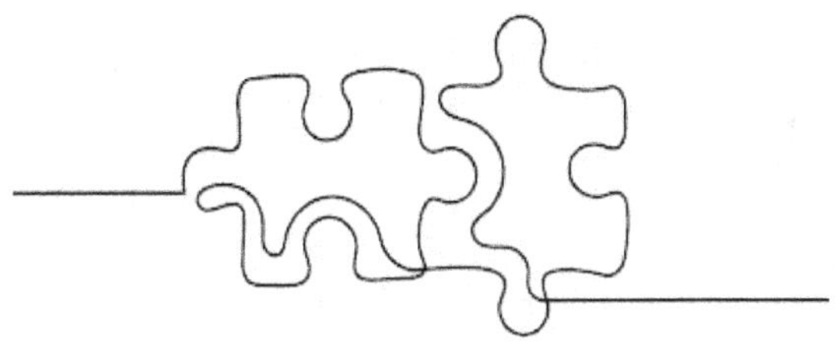

ज़रूरी नहीं हर सवाल सुलझाया जाए,
कुछ अनसुलझा भी ठीक है।
ज़रूरी नहीं हर भाव बताया जाए,
कुछ अनकहा भी ठीक है।

हम तो कतरा भर हैं कायनात में,
कुछ जगह न भी हो,
बिन जगह भी ठीक हैं।
तुम समझ नहीं सकते हर कहानी को,
कुछ न समझा भी ठीक है।

बातों ही बातों में उलझ जाते हैं किरदार कितने,
कुछ बिन बोले ही ठीक हैं।
पाना खोना सब उसके हाथ है,
कई बार बिना पाए ही ठीक हैं।

हर रिश्ता अंजाम तक नहीं पहुँचता,
कुछ रिश्ते बिन अंजाम भी ठीक हैं।
तू सर झुका उसके सामने भूल कर हर बात,
जो पाया जो खोया जैसे जीना आया....... सब
ठीक है।

अनकही

तू नशे सा धीमे धीमे चढ़ने लगा,
तेरे लिए जो भी है वह बढ़ने लगा।
कभी तू बेचैनी लगे, कभी सुकून सा,
कभी बेवजह लगे तेरा होना,
कभी मेरे वजूद सा।

तेरे लिए तड़पूँ कभी जैसे मछली पानी बिना,
और कभी चाहूँ तेरी यादों से भी निकलना।
तू पहेली है या अनसुलझा सा कोई ख़्वाब,
 कभी कभी लगे तू प्रश्न सा कभी कोई जवाब।

बुलंदियां प्यार की हैं या आकर्षण मनों का,
या ख्वाहिशें बह चली हैं तोड़ सहारे, बंधनों को।

जो तूने जिया जो मैंने जिया,
वो सच था या कोई ख़्वाब?
जो आज है जो कल था,
वो सवाल है या कोई जवाब?

तू हटकर मिला सभी बंधनों से सभी राहों से,
होकर आज़ाद भी नहीं छूटे हम तेरी पनाहों से।
न प्यार का सिला मिला, न नफ़रत की वजहें,
ना मिलने का समय आया ना विरह की गिरहें।
तू है भी और नहीं भी,
तू ही है सब कहा हुआ, और तू ही है अनकही भी।

Beware of LOVE

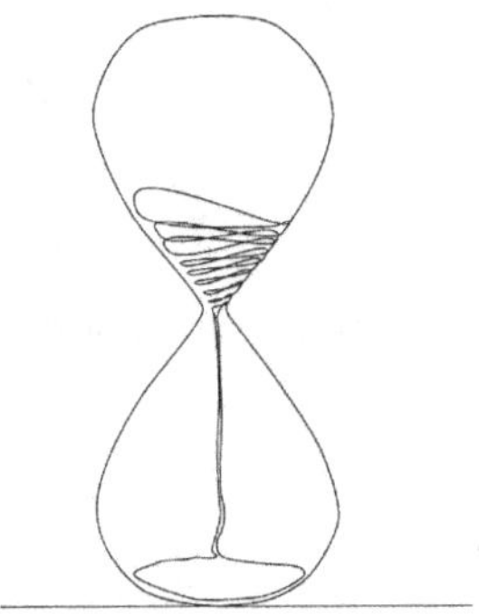

Endless hours of wait
just seem to flood your gate.
No matter how much you try to avoid,
You always bounce back to that side.

"Meaningful, meaningless, joyful, joyless,
You count on the tosses.
The incessant journey of waiting in despair
seems to take away all the glosses.

Love is a healer, soothing all the bruises.
Love is a feeling seeming to tie the loose ends.
Love is a flight, taking you so high.
Love is a dip, sometimes ending in a sigh.

To love means to lose yourself.
To love means to lose your tranquility.
To love means to divide yourself into two.
To love means to give another the power of
controlling you.....

Love creeps in slowly into your head & brains
and sucks all your sanity,
Still people give love a chance
and let it take all the vanity.
Love tears you, love heals you,
Love revives you, love kills you.

Love is a taste of life, love is a waste of life.
It takes you where you even can't imagine in
your wildest imaginations.
It makes you what you even can't anticipate in
your most unwise determinations..............
Beware!

5

मरा हुआ मन

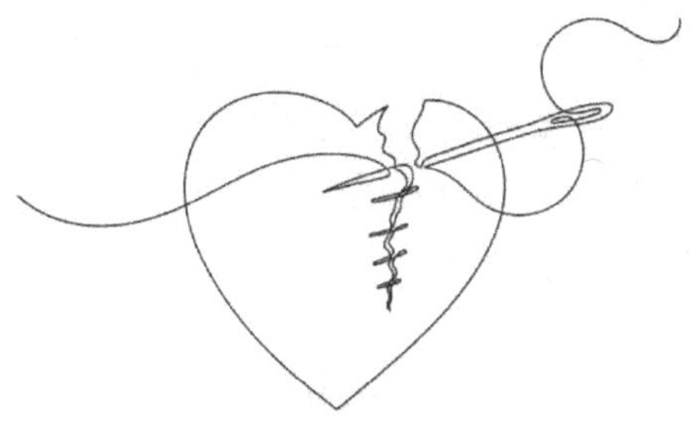

नहीं मिलती जब स्नेह की छाँव
नहीं मिलती जब हँसी के बदले हँसी,
नहीं मिलती जब बातों की नरमी,
तो मर जाता है मन।

नहीं मिलते जब सपनों को पंख,
नहीं मिलती जब एहसासों को जुबां,
नहीं मिलता जब ज़ुबां को हमज़ुबां,
तो मर जाता है मन।

नहीं मिलते जब साथ चलने वाले क़दम,
नहीं मिलते जब पीठ थपथपाने वाले हाथ,
नहीं मिलते जब उम्मीदों के दीये,
तो मर जाता है मन।

पर "नहीं" मिलने से ही नहीं मरता मन,
पर कुछ मिलने से भी मर जाता है मन।

जब मिलती है एहसासों की रुखाई,
जब मिलती है तानों की बिवाई,
जब मिलते हैं चुभने वाले शब्द,
तो मर जाता है मन।

जब मिलते हैं स्नेहहीन रिश्ते,
जब मिलती है घाव करने वाली बातें,
जब मिलते हैं दिलों के ज़ख्म रिसते,
तो मर जाता है मन।

जब मिलते हैं अपनों के रूप में पराए,
जब मिलते हैं अपने ही खंजर उठाए,
जब मिलती है चालों पर चालें,
तो मर जाता है मन।
पर शायद बार बार मरता है
हर आदमी का मन,
और बार बार जी उठता है
कोई छोटी सी आशा लिए।
इसी जीने मरने के चक्कर में उलझता रहता है
मन।

Window for HOPE

Amongst all the hatred,
still, there is room for love.
If room is a big thing,
let the window of empathy be the one.

When blackness of evil is overshadows
everything,
still, there is a ray of goodness.
If a ray is a big thing,
let sparkle of hope be the one.

When the gloom of curses is spreads
everywhere,
still, there is a gush of blessings.

If a gush is a big thing,
let a droplet of mere attention be the one.

When the tangles of vices strangulate each
rational thought,
your wisdom can be the cutter of them.
If cutter is a big thing
let the small knife of awakening be the one.

When the whirlpool of desires sucks you in
Let the path of righteousness be your rescue
boat.
If that is a big thing,
let the straw of a small act of duty be the one.

कैसे कह दूँ

कैसे कह दूँ थक गया हूँ मैं
अपने घर में कितनों का हौसला हूँ मैं।
किस-किस को कहता फिरूँ,
किस-किस को बताऊँ,
कितना वक़्त का छला हूँ मैं।

वो झूठ के तीरों से बींधतें हैं मुझे,
किस तरह से याद उनको कराऊँ कि
कभी उन्हीं के बीच पला-बढ़ा हूँ मैं।

कहाँ तक तलाश करूँ उन मंज़िलों की,
जो हैं बहुत दूर।
कब ख़त्म होंगे ये सफ़र के सिलसिले,
मुद्दतों का चला हूँ मैं।

पर लाख लंबा ये सफ़र हो,
लाख कठिन ये डगर हो,
साथ कोई हो या न हो, तोड़ पाएगा ना कोई
हौसला मेरा।
आख़िर तूफ़ानों का पला-बढ़ा हूँ मैं...

A WOMEN'S DAY SPECIAL

Don't wish us today,
but let us be ourselves every day.
Don't congratulate us today,
but let us celebrate every day.
Don't encourage us today,
but let us spread our wings daily.
Don't push us today,
but let us find our way every day.
Don't lead us today,
but let us be our own leaders daily.

Don't bless us today,
but let us feel special every day.
Don't write blogs about us today,
but let us be the writers of our destiny every
day.

www.ingramcontent.com/pod-product-compliance
Lightning Source LLC
LaVergne TN
LVHW021240200726
843509LV00012B/1545